U0936848

珍藏本·增订本

纪念版

汉译世界学术名著丛书

论资本用于土地

〔英〕爱德华·威斯特 著

李宗正 译

Edward West

ESSAY ON THE APPLICATION OF CAPITAL TO LAND

The Johns Hopkins Press 1903

本书根据美国约翰斯·霍普金斯出版社 1903 年版译出

汉译世界学术名著丛书
（120年纪念版·珍藏本）
增订本出版说明

2017年10月，为纪念商务印书馆创立120周年，本馆推出“汉译世界学术名著丛书”（120年纪念版·珍藏本），计七百种。近五六年来，仰赖学界同人倾力支持，订正旧译，增补新译，拓展新著，积累日多。为满足读者需要，本馆在七百种的基础上，继续推出“汉译世界学术名著丛书”（120年纪念版·珍藏本·增订本）三百种。至此，“汉译世界学术名著丛书”累计出版已达千种。

今后，本馆将继续推进丛书的翻译出版工作，在积累单本名著的基础上陆续分辑刊行，汇印出版。为促进中外文明互鉴、推动我国学术发展，使“汉译世界学术名著丛书”这项对我国学术文化有基本建设意义的重大工程发挥更大作用，诚望海内外学术界、翻译界继续给予支持，帮助我们把这套丛书出得更好。

商务印书馆编辑部

2024年2月

汉译世界学术名著丛书
（120 年纪念版·珍藏本）
出 版 说 明

2017 年 2 月 11 日，商务印书馆迎来 120 岁的生日。120 年前，商务印书馆前贤怀揣文化救国的理想，抱持“昌明教育，开启民智”的使命，立足本土，放眼寰宇，以出版为津梁，沟通中西，为中国、为世界提供最富智慧的思想文化成果。无论世事白云苍狗，潮流左右激荡，甚至战火硝烟弥漫，始终践行学术报国之志，无改初心。

迻译世界各国学术名著，即其一端。早在 20 世纪初年便出版《原富》《天演论》等影响至今的代表性著作，1950 年代后更致力于外国哲学和社会科学经典的译介，及至 1980 年代，辑为“汉译世界学术名著丛书”，汇涓为流，蔚为大观。丛书自 1981 年开始出版，历时三十余年，迄今已推出七百种，是我国现代出版史上规模最大、最为重要的学术翻译工程。

丛书所选之书，立场观点不囿于一派，学科领域不限于一门，皆为文明开启以来，各时代、各国家、各民族的思想与文化精粹，代表着人类已经到达过的精神境界。丛书系统译介世界学术经典，引领时代思想，为本土原创学术的发展提供丰富的文化滋养，为推动中国现代学术和现代化进程做出了突出的贡献。

为纪念商务印书馆成立120周年，我们整体推出“汉译世界学术名著丛书”120年纪念版的珍藏本，寄望既利于文化积累，又便于研读查考，同时向长期支持丛书出版的译者、编者和读者致以敬意。

两甲子后的今天，商务印书馆又站在了一个新的历史时间节点上。我们不仅要铭记先辈的身影和足迹，更须让我们的步伐充满新的时代精神。这是商务人代代相传的事业，更是与国家和民族的命运始终紧密相连的事业。我们责无旁贷，必须做好我们这代人的传承与创造，让我们的努力和成果不仅凝聚成民族文化的记忆，还能成为后来人可以接续的事业。唯此，才能不负前贤，无愧来者。

商务印书馆编辑部

2017年10月

译者序

爱德华·威斯特(1782—1828)的生平与著作在本书的导言中将有介绍,我不再赘述了。这里只指出一点,他的这本著作曾得到马克思的高度评价。马克思认为本书“在政治经济学史上有划时代的意义”。

现在仅就本书有关报酬递减律的论述,说一些个人的理解。17 世纪,一些经济学家已注意到与报酬递减律有关的现象。18 世纪中叶,法国重农主义的重要代表杜尔哥已对报酬递减律做了出色的分析。19 世纪中期,它被西尼耳列为政治经济学的四个基本问题之一。现代西方经济学理论几乎都涉及这个规律。在我国,也曾就报酬递减律展开讨论,讨论中有一种错觉,似乎马克思主义经典作家是完全否定这个规律的。我感到认真研究一下报酬递减律不仅对建立农业经济学是十分重要的,对研究政治经济学也是必要的。

威斯特是先于李嘉图与马尔萨斯,也与安德森相独立的,第一个研究并证明了这个规律的经济学家。他认为,在耕作进程中,总产品与净产品一定会持续增长。除非新增费用或资本不仅再产出足以补偿新增的资本而且也能带来一定净产品,否则这些资本或费用就不会投入土地。但是,所投入的每一份资本增量所带来的收益和资本增量之比越来越小，因此，投入土地的资本越多，其增益和资本之比就越低。由此可以看出，威斯特的报酬递减律已含有边际思想。同时，从全书来看，他从农产品价格变化趋势、工业劳动生产力、农业劳动生产力、农业利润率、工业利润率等方面研究了报酬递减律问题。威斯特还估计到技术进步可以抵消报酬递减律的作用，生产力提高可以改变土地肥沃程度，并指出形成报酬递减、超过或抵消报酬律作用的三种可能。马克思曾肯定了威斯特的一些观点。威斯特的《论资本用于土地》是与马尔萨斯的《论地租的性质与发展》同年(1815 年)发表的，“土地肥力递减规律”曾成为马尔萨斯所谓人口理论的根据，但威斯特的观点不同于并高于马尔萨斯。当然，不能期望威斯特对报酬递减律有全面和精细的分析，但他终究是最初研究并论证这一理论的，这一历史功绩应得到充分肯定。

目　　录

导　　言*

一位仔细研究了经济理论史的学者把爱德华·威斯特爵士称为"'李嘉图学派'的第一个最伟大的成员，尽管该学派没有以他的名字来命名"，[①]并进一步解释说，"一些人只知道李嘉图在其著作的序言中客气地提到了威斯特，而不知道后来所讲授的那种'收益递减律'以及表达该规律所使用的词语应归功于威斯特的程度，要比他们所能想象的程度大得多。若不了解这一点，那是无法读懂威斯特的这本小册子的"[②]。

这种较为轻视威斯特的态度可以追溯到与他同时代的人。李嘉图在 1815 年 3 月 9 日写给马尔萨斯的信中说："我已认真阅读了这本书，我发现他的观点同我的观点非常一致。"[③]在 1817 年《政治经济学及赋税原理》的序言（第 4 页）中，李嘉图有意把威斯特和马尔萨斯放在一起，称他们为"几乎同时提出了真正的地租学说"的人。但一年以后（1818 年 9 月 18 日），他向哈奇斯·特罗尔

---

* 本导言为 1903 年该书由约翰斯·霍普金斯出版社再版时所加，作者不详。——编者

① 坎南：《1776 至 1848 年英国政治经济学中的生产与分配理论的历史》（伦敦，1893 年），第 279 页。

② 同上，第 160 页。

③ 《1810 至 1823 年大卫·李嘉图致托马斯·罗伯特·马尔萨斯的书信》（博纳编辑，牛津，1887 年），第 63 页。

表达的意见则特别含糊:"他的小册子富有独创性,他瞥见了有关地租和利润的真正学说。"[①]此后,李嘉图在正式的和非正式的著述中,没有再提到威斯特。马尔萨斯和詹姆斯·穆勒则根本没有提到过他。即使是麦克库洛赫,尽管他对任何事情的嗅觉都极为敏锐,特别是在"预言"将被接受的学说方面,也只是谈到威斯特和马尔萨斯在地租问题上"几乎同时发表了两本出色的小册子",然后总结道,"但是,他们的研究虽然很重要,却仅限于他们的课题之内",以此便把他们都打发掉了。[②] 只有像威廉·雅各布[③]和阿瑟·扬[④]这样机敏的小册子作者,才给予了威斯特较高的评价,而这种承认自然是很短促的。

威斯特的小册子是用笔名发表的,发行量很可能不大,问世不到十年实际上就被人们遗忘了。威斯特在1826年发表的《谷物价格与劳动工资》[⑤]中勇敢地声称,除收益递减律外,其他一些已被归功于李嘉图的经济学原理也是他先发现的,甚至这本小册子显

① 《1811至1823年大卫·李嘉图致哈奇斯·特罗尔等人的书信》(博纳和霍兰德编辑,牛津,1899年),第58页。

② 麦克库洛赫:《论政治经济学的兴起、发展、特殊目标和意义:包括论这门科学原理和学说的讲座大纲》(爱丁堡,1824年),第65页;还可参阅他的《政治经济学原理:这门科学的兴起和发展概要》(爱丁堡,1825年),第265页和《政治经济学文献》(伦敦,1845年),第33页。

③ 《致塞缪尔·惠特布雷德国会议员先生的一封信,续论英国农业所需要的保护;兼评牛津大学一位研究生的著作以及李嘉图先生和托伦斯先生的著作》(伦敦,1815年)。

④ 《论最近25年欧洲物价的上涨,并与英格兰物价的上涨相比较;兼论物价上涨与下跌的影响》(伦敦,1815年),发表在《小册子作者》(伦敦)上,第6卷,第165—204页。

⑤ 《谷物价格与劳动工资,评斯密博士、李嘉图先生和马尔萨斯先生有关这两个主题的学说;并试图阐明最近30年间谷物价格波动的原因》(伦敦,1826年)。

然也未能引起人们的丝毫注意。此后，像詹姆斯·安德森的名字一样，威斯特的名字在经济文献中仅仅出现在对人们熟知的以下说法所加的极为粗略的限制条件中，这种说法是，级差地租规律是由马尔萨斯提出来的，而由李嘉图加以发展和应用。

关于威斯特个人生活经历的细节，流传下来的材料少得可怜。[①] 他于1782年生于米德尔塞克斯郡的圣玛丽莱伯恩，[②]出身于名门望族，家族中的一些成员名望很高。他在哈罗和牛津接受教育，于1804年获学士学位，1807年获博士学位，此后还在牛津大学做了一段时间的特别研究人员。他取得了律师资格，于1817年发表了一篇题为“论扣押”的论文。[③] 后来他放弃了已经取得了很大成功的学术职业和律师职业，而成为孟买市法院的法官。他于1822年7月5日被封为爵士，并被任命为1824年建立的最高法院的院长。他采取的两个最重要的行动是废除了控制出版活动的加尔各答条例并改善了孟买市的治安。他于1828年8月在浦那去世。由许多当地人签名，递交给在位法官的一份公开信，颂扬了威斯特的为人和身为法官的美德，特别称赞他允许当地人充当陪审团的成员，并提到他捐献了一笔钱，这笔钱已移交给“当地教育协会”，用来建立“威斯特院长奖学金”。

威斯特保持了对政治经济学的兴趣。据说，他在离开牛津后

① 特别参看《1830年度传记与讣告》(伦敦，1830年)中的回忆录，据编者说，该回忆录提供的材料“得自于可靠的私人来源”。

② 《国家传记辞典》(李编辑)，第9卷，第329页。

③ 《论全面扣押和辅助扣押的法令与实践，附令状表、扣押宣誓书、扣押诉状、法院规则以及费用表》(伦敦，1817年)。

不久就开始了政治经济学的研究，而且这种研究“直到他去世都或多或少地吸引着他的注意力”[1]。但无论他怎样热衷于研究政治经济学，这种研究都显然是一项副业。在1815年发表第一本小册子时，威斯特听从了朋友们关于对其他工作的兴趣也许有损于他的本职的劝告，把他的名字从扉页上删去了。与布鲁厄姆、李嘉图或马尔萨斯的相识，[2]并没有在这方面对他产生任何影响，直到李嘉图在1822年发表了《保护农业》，威斯特才又试图从事正式的经济学著述活动。他把快完成的手稿带到了印度，但却一再推迟发表，直到1826年才以“谷物价格与劳动工资”这一标题发表，这时其主题已大大过时了。威斯特在临终时仍在撰写他的最后一部最为雄心勃勃的经济学著作。关于这本书，我们所知道的，仅仅是前面提到的那篇回忆录的记述：“它将很可能成为有关政治经济学的一部一般性论著，这本书在他去世前的一年多里，占据了他绝大部分业余时间的主要精力。他已接受了伦敦一家最著名的出版商要出版他的这本书的提议，我们只希望这部遗著的至少很大一部分已处于能够奉献给世人的状态。”我们至少可以这样推测，假如他能活得更长一些，假如命运不安排他从事像法律和司法这样耗费精力而又与政治经济学不沾边的职业，那么威斯特对英国经济思想的发展也许会产生很大影响。

正像马尔萨斯讨论地租的小册子一样，威斯特的第一本小册子的正式出版也要归因于1813—1815年就《谷物法》展开的争论。

① 《1830年度传记与讣告》(伦敦，1830年)，第106页。

② 《1810至1823年大卫·李嘉图致托乌斯·罗伯特·马尔萨斯的书信》(博纳编辑，牛津，1887年)，第63页。

但同马尔萨斯一样，威斯特在“几年以前”就已想到了农业成本递增这一基本原理，由此我们又被引向了这一结论，即收益递减规律的提出与《谷物法》颁布前十年英国农业的特殊情况有关，其显著特征是耕作面积扩大和大量运用资本。所有研究英国经济情况的学者早在国会的蓝皮书广泛公布经济情况以前，就已熟知了这些特征。[①]

目前这个版本保留了原书扉页的面貌，标明了原书的页数，并附加了一些注释。

1903 年 6 月于巴尔的摩

① 参看为马尔萨斯的《有关地租的性质和地租的上涨以及调节地租的原理的研究》(霍兰德编辑，巴尔的摩，1903 年)一书的再版本所写的导言(第 4 页)。

论资本用于土地

本文的主要目的是发表我在几年前想到的政治经济学方面的一个原理。我认为该原理可以解答这一学科中的许多难题，没有这一原理，我便不知怎样解释这些难题。

最近，在阅读谷物委员会的报告时，[①]我发现多名证人证实了我关于存在该原理的观点。他们的证词在报告中有详细记录。这种情况以及该原理在众多方面对正确认识谷物问题所起的举足轻重的作用，促使我赶在议会辩论之前草就此文，仓促予以发表。倘若时间充裕些，我想我不至于写成现在的模样，我将首先论证该原理，然后说明得自于该原理的一些结论。

简单地说，该原理是这样的，随着耕作方式的改进，种植原产品会变得越来越昂贵，换言之，土地净产品与土地总产品之比会不断降低。

所谓总产品，我当然指的是不计生产费用的全部产品；而净产品则指在偿还了生产费用之后剩下的总产品。

随着耕作方式的改进，总产品和净产品必然不断增加；因为除非土地的再生产不仅足以偿还投入的资本，而且还能使这些资本获得新的收益和利润，否则就不会对土地追加费用或投入新的资本。新增加的资本所创造的利润便是净产品。但问题在于，每一笔追加资本所产生的收益在不断下降，结果是投入的资本越多，利润与资本的比率越低。例如，在任意大小的一块土地上投入100英镑资本，创造出120英镑的产值，即20%的利润。将资本翻一番，即投入200英镑，却不会创造出240英镑的产值或20%的利润，而很可能是230英镑或小于240英镑的一个数字。利润量无疑会增加，但利润与资本的比率会降低。

所有政治经济学家都承认这样一个事实，即在任何一个国家的发展进程中，农业劳动生产力的提高都要慢于制造业劳动生产力的提高。或者更准确些说，提高种植原产品的劳动生产力不如提高制造加工原产品的劳动生产力速度快。迄今为止，这一现象仅被归咎于在农业上不能实行同制造业一样的劳动细分工，不能像制造业那样引进机器。《国富论》的作者写道："农业的性质和制造业不同，是不容许有许多劳动细分工的，也不可能将多种职责完全分离。木匠与铁匠的行业通常是分开的，但是畜牧者与耕作者的劳动就不能完全分离。纺纱工总是一直有别于织布工，而一个农民往往集犁耕、耙地、播种和收获于一身。这些不同种类的劳动随着季节的变换而变换。所以一个农民不可能自始至终专门从事其中一项劳动。不可能把农业中所有不同种类的劳动完全分离开来，这也许就是农业生产劳动力的提高不及制造业的原因。的确，一般来说，最富裕的国家不仅在制造业上而且在农业上都强于邻国；但其优越的程度，通常却是制造业远在农业之上。它们的土地总的说来耕作得比较好，投入的劳动和资本也多，因此，在同样面积与同样肥沃的土地上生产出来的产品也较多。不过，这种较大的产品量，很少在比例上大

大超过所花的较大劳动量与费用。在农业上，富国的劳动生产力未必比穷国的劳动生产力大得多，至少不像制造业方面的一般情况那样大得多。因此，在品质相同的情况下，富国的小麦上市价并不总是比穷国的便宜。在品质相同的情况下，波兰的小麦和法国的同样便宜，尽管法国较之波兰要富裕和发达得多。法国产粮地区出产的小麦和英格兰的小麦质量完全相同，在多数年景中价格也大致相等，尽管就富裕和发达而言，法国也许比英格兰稍逊一筹。但是，英格兰的麦田要比法国的耕种得好，而法国的麦田据说又比波兰的耕种得好得多。虽然穷国在耕作落后的情况下，其小麦在某种程度上能够在价格和质量上与富国的小麦相匹敌，但在制造业上却无法和富国竞争；至少在制造业适合于富国的土壤、气候和位置时，不能与富国竞争。"*

斯密的意思是，农业不可能像制造业那样通过分工、通过使用机器来提高一定数量人手所能做的工作量，这无疑解释了农业的发展为何落后于制造业；但必须指出，这只是解释了农业发展的相对迟缓，因为劳动的细分工和机器的使用即使对农业所产生的影响也是巨大的。如果没有另一个原理，劳动的细分工和机器的使用不仅将大幅度提高制造业的劳动生产力，而且还将大幅度提高农业的劳动生产力。斯密博士没有注意到这一原理。它对阻碍农业劳动生产力的发展起着实际作用；并且根据其发挥作用的程度，该原理要么仅仅是妨碍，要么是完全阻止农业劳动生产力的发展，甚或随着耕作方式的改善，实际降低农业劳动生产力。

* 斯密：《国富论》，第1卷，第1篇，第1章，第10、11页。[2]

斯密博士的原理是，随着改良的进展，同一人数能完成的工作量，其增长速度，农业相对慢于制造业。我提及的另一个原理是，每给农业增加一次同等的工作量，其实际产生的是递减的收益，* 当然，如果每增加一次同等的工作量实际得到的是递减的收益，那么随着改良的进展，用于农业的全部工作量，实际得到的也是递减的收益。相反，等量的工作显然在制造业中总会生产出等量的制造品。

暂且不考虑劳动的细分工和机器的使用，假设每个工人独立完成的工作量和与人合伙时完成的工作量一样。在这种情况下，制造出的产品将随着改良的进展，始终与等量的劳动保持一致，产品数量的增加（假定原产品的价格不变）将正好与投入的劳动成比例。一百万名工人生产的产品，与一名工人生产的产品，按比例来说是相同的。然而，农业也会是这样的情况吗？试以一个新殖民地为例。首批殖民者可以任意挑选土地，当然他们耕种的是该地区最肥沃的土地；第二批到来者只能耕种质量次之的土地，投入的劳动所获得的收益要少些。以后每批耕种者得到的收益比起先来者来说必然要更少。

再回顾一下农业的历史，从紧接着畜牧时期（在这一时期，几乎一切产品均处于自然生产状态）的原始农业时代，到如今像我国这样耕作方式已接近园林管理的完善状态。

---

* 注意：在此段推理中，我是用所产生的效果而不是用所完成的工作量来衡量劳动生产力的。因此，虽然技术熟练的工人所完成的工作量会多于技术不那么熟练的工人，但如果后者是在肥沃的土地上工作，前者是在劣质土地上工作，后者的工作成果可能会大于前者的工作成果。

在畜牧时期，部落的唯一劳动是放牧，把牲畜从已耗竭的牧场赶到新牧场。牲畜很容易繁殖，依靠土地的自然产品就能成活。随着人口的增加，求助于农业变得必不可少了。在这种情况下，多少需要进行更多的劳动来养活甚至同样数量的人口，但需要增加的劳动起初同产品的数量相比是微不足道的。耕种者还是耕种最肥沃的土地，稍加耕作，便能获得丰厚的收益。与人类共同承担耕种任务的牲畜可以在旷野上漫游，就像在畜牧时期一样，靠自然产品喂养。随着人口压力的增长，耕种者被赶到较为狭窄的天地，不得不耕种相对来说不那么合心意的贫瘠土地。牲畜不得不依靠人工牧场喂养。为使土地连年长出庄稼，得从遥远的地方运来高价肥料，而不能像在发展的早期阶段那样，土地的肥力一旦被耗竭，便撂荒，使之自行恢复肥力。然而，这种论证，要使之全面而完善，需要比本文更长的篇幅，需要积累比我目前所能收集的更多的事实。因此，我将试着较为简要地论证该原理。

对土地增加的劳动，要么用于开垦新土地，要么用于更集约地耕种已开垦的土地。在每一个国家，最肥沃和最贫瘠的土地之间的等级必定是无限多的。最肥沃的土地或最便于产品上市的土地，或者干脆说由于位置好和土质优良而能给所投入的费用带来最大收益的土地，无疑将首先被耕种，* 而随着耕作方式的改进，当新的土地被耕种时，就必然要求助于贫瘠的土地，或至少要求助于相对于已经耕种的土地而言质量较次的土地。显然，在这种情

* 各种各样的因素，主要是人为的社会控制，无疑会干扰事物的这种自然发展；然而，虽然它们会干扰这一原理起作用，但稍加思考就可以看出，它们并不能完全抵消这一原理的作用，相反，这些干扰反倒常常会相互抵消。

况下，同以前投入的劳动相比，现在多投入的劳动将带来较少的收益。随着社会的进步，新土地将被耕种，这一事实本身就说明在原有的土地上投入更多的劳动，不会和原先投入的劳动一样，带来相同的收益。因为10个劳动力耕种100英亩肥沃土地当然会比耕种100英亩劣质土地带来更多的收益，而如果20个、30个乃至100个劳动力在同一块肥沃土地上能获得与10个劳动力相同的收益率，那么，劣质土地便永远也不会被耕种。投在土地上的额外费用所带来的收益是逐渐递减的，这也可以用同样的推理加以证实。

土地的质量分等必然是无限的。假设一个国家拥有100万英亩这样的土地，在它上面投入比如说1,000万英镑资本，可以产生20%的净利润，而同样数量的资本投在另外100万英亩土地上只能产生19%的净利润。或假设一个农场拥有10英亩这样的土地，在它上面投入100英镑资本，可以产生20%的净利润，而同样的资本投在另一块10英亩土地上只能产生19%的净利润，以此类推，如下表所示：

面积(英亩)	资本(英镑)	净利润(百分数)
10	100	20
10	100	19
10	100	18
10	100	17,以此类推

产生20%净利润的那10英亩土地将最先得到耕种。前面我们已说明，在这块10英亩的土地上每一笔追加投入的100英镑资本都不会再产生20%的净利润。因为，正如我已经说明的，如果每一笔追加投入的资本都能产生20%的净利润，那就不会耕种其

他土地。但如果给最先耕种的那10英亩土地增加一笔新的资本，其所得利润少于19%的话，这笔追加资本便不会投到第一块10英亩土地上，而会投到第二块10英亩土地上。简言之，在一般情况下，假若给已耕种过的最优质土地追加一笔资本，其创造的利润不及原已投入的资本所得的利润多，不论其差额多大，这笔追加资本都不会再用于最优质的土地，而会用于质量次之的土地。土地的质量分等是无限的。因此，在选择质量次之的土地时，必须要使其等级在质量上最接近于最优质土地。

所以，随着改良的进展，等量的劳动从土地上获得的收益似乎是递减的；因而，随着改良的进展，投在土地上的总工作量所获得的利润也是递减的。但是，即使在农业部门，随着改良的进展，通过劳动的细分工和采用机器，也能增加一定人手所能做的工作量。农业上的这种由同一人数所能完成的工作量的增加，也许足以，或刚好，或不足以补偿同样工作量所产生的收益的递减。在第一种情况下，农业劳动生产力会绝对地提高。在第二种情况下，农业劳动生产力保持不变。在最后一种情况下，农业劳动生产力会绝对地降低。因此，假设在改良的某一特定阶段，十个人手可以完成以前某一时期二十个人手才能完成的工作量。如果同样的工作量在现阶段从土地上获得的收益比前一阶段所获得的收益多一半以上，那么同一人数在现阶段生产出来的东西就比前一阶段多，农业劳动生产力当然也就绝对地提高了。如果同样的工作量在现阶段获得的收益刚好是前一阶段所得收益的一半，那么劳动生产力便没有发生变化。如果所获得的收益少于一半，劳动生产力便降低了。稍加思考就会看得很清楚，前两个假设不可能成为现实。如果这两个假设中的任何一个能成为现实，就像我们所知道的，制造业的劳动生产力实际上正在日益提高，那么，随着改良的进展和人口的增长，社会财富和资本不仅会不断增加，而且会以愈来愈快的速度增加。国家再生产出来的产品不仅在数量上会逐年增加，而且再生产出来的产品与资本的比率也会逐年提高。人口在这样的国家将比在美国更容易在25年的时间里翻一番；而且每英亩土地在以后的某一发展阶段将比在前一阶段更容易养活一千名或者更多的劳动力。

但是，还是让我们设想上述三个假设中的第一个能成为现实，即随着改良的进展，农业劳动生产力绝对地提高了；让我们较为仔细地考察一下这种情况带来的直接结果。我们已经看到，随着改良的进展，制造业的劳动生产力越来越高，因而让我们假设，包括种植业和制造业在内的所有行业的劳动生产力都提高了一倍。很明显，在这种情况下，资本的利润也将增加一倍；即便与此同时劳动者的工资也增加一倍，利润仍将增加一倍。因为在劳动生产力提高一倍的情况，不仅总产品会增加一倍，而且净产品也会增加一倍。初级产品和制成品都会比过去多一倍。尽管每件物品并不能比过去交换更多的其他物品，但是，由于社会中每一个人对其可能经营的某种商品的拥有量翻了一番，因而他对该商品的支配权也就增加了一倍。如果这时国家的货币量仍和以前一样多，物品的货币价格就会降一半。资本的货币利润和劳动者的货币工资最初都不会增加，但是，由于商品价格的下降使汇兑变得有利，金块会不断流入，直到有足够的货币使增加的物品能够进行流通为止。此时，劳动者的工资和资本的利润，不仅实际价值会增加，而且货

币价值也会增加。

下面，让我们再假设一种情况，即制造业劳动生产力提高了一倍，而农业劳动生产力未发生变化。现在，同初级产品相比，每一种制造品的价格都下降了一半，但每一种制造品与其余制造品的价格比仍同以前一样，因而所能换得的其余制造品也仍与过去一样。但是，每一个制造业资本家所经营的特定物品的产量却增加了一倍，因而他对所有制造品的支配权也随之增加了一倍，而对原产品的支配权仍和过去一样。这样，他的实际利润也增加了。农业经营者对所有制造品的支配权也增加了一倍，但对原产品的支配权则保持不变。因此，所有资本的实际利润都增加了，同过去一样，随之而来的是货币利润的增加。

当然，即使劳动生产力提高的速度比我假设的要慢，同样的推理也仍然适用于上述几种情况，尽管利润的增长自然不会那么大。差别仅仅在程度上，而不是在本质上。由此可见，如果农业劳动生产力或是提高，或是保持不变，则资本的利润必然会随着改良的进展而不断增长。

第三，让我们假设，农业劳动生产力下降，而制造业劳动生产力上升，并假设社会的习惯与需求以及生产能力将该国资本的一半投入农业，另一半则用于制造业。

首先假设在制造业劳动生产力增加一倍的同时，农业劳动生产力降低了一半，这样制造业资本家对制造品的支配权就比以前增加了一倍，但对原产品的支配权则减少了一半。因此，整体看来，他对全部商品的支配权并没有增加，所得的利润也和从前一样。农业经营者的情况也是这样。如果这一假设成为事实，随着改良的进展,资本的利润将始终保持不变。

无须再进行同样的推理,我们就可以看得很清楚,如果农业劳动生产力下降的速度超过了制造业劳动生产力上升的速度,那么,资本的利润必将减少。但是,让我们从一种不同的角度来考察农业劳动生产力下降、制造业劳动生产力提高的情形:假设一个国家人民的习惯与需求在劳动生产力处于某一阶段时,需将资本的一半投入农业,另一半投入制造业。假设随着改良的进展,用于制造业的资本生产力提高得较大,而投入农业的资本生产力提高得较小。如果由于制造业劳动生产力的提高而可以让出的资本会大大增加原产品的生产,足以补偿农业劳动生产力的下降,那么社会的资本利润将与从前一样,保持不变。但是,如果可以让出的制造业资本不足以补偿农业劳动生产力的下降,则社会的资本利润将必然减少。然而,实际上是哪一种情况呢?随着改良的进展,资本的利润是增加,保持不变,还是减少?

富国的资本利润始终低于穷国,这是一个公认的事实。并且,资本的利润会随着国家越来越富裕而逐渐下降。我国的历史以及所有别国的历史都证明了这一点。历史对商业资本的状况和发展都有评说(见《国富论》第1篇,第9章)。由此可见,随着改良的进展,农业劳动生产力不可能与过去保持同样的水平。农业劳动生产力不会上升,反而会随着改良的进展而逐渐下降。而且下降的速度如此之快,以至于制造业劳动生产力的持续增长不足以补偿农业劳动生产力的持续下降。因为正如我刚才已经论证过的,如果情况不是这样,资本的利润便会随着改良的进展而持续上升。在上述论证中,我假设劳动工资随着劳动生产力的变化而变化;也就是说，劳动生产的产品越多，其获得的报酬就越高。我马上将说明，实际情况基本上是这样的。但现在只需说明，不能将资本利润的不断下降完全归咎于劳动工资的增加。为此，我将简要重复一下上面的论点。我已陈述了一个众所周知的事实，即资本的利润会随着财富的增加和改良的进展而不断下降。但资本的利润是资本的净再生产物，只能通过以下两种方式减少它：生产力下降，或是维持劳动生产力的费用的增加，也就是实际劳动工资增加。但实际劳动工资增加的幅度并不会大得可以用来解释净再生产物的减少，这一点是很清楚的。因为如果实际劳动工资增加的幅度大得可以用来解释净再生产物的减少，那么实际劳动工资就会随着财富的增长和改良的进展而不断地、大幅度地增加，人口也会随着改良的进展越来越迅速地增长，但我们知道，实际情况恰好与此相反。

由于净再生产物的减少至少不能完全归咎于劳动工资的增加，也就是维持劳动力的费用的增加，因而净再生产物的减少至少部分是生产力的下降所造成的。但正如前面已经陈述过的，制造业劳动生产力在持续不断地提高，因而净再生产物或资本利润的减少必然是农业劳动生产力的下降造成的。尽管我认为，很显然，资本利润或净再生产物的减少只能是我所提到的那两个因素引起的，即维持劳动力的费用的增加和生产力的下降，但也应注意到，斯密博士把资本利润的逐渐下降归咎于另一迥然不同的因素。

斯密博士说："资本的增加，提高了工资，因而趋于降低利润。许多富商如果投资于同一行业，则他们之间的相互竞争自然会导致该行业利润的下降。所以当同一个社会中所有行业的资本都增

加时，同样的竞争将在所有这些行业中产生同样的结果。”（见《国富论》第 1 篇，第 8 章[③]，第 133 页）

由此可见，斯密把利润率的下降归因于竞争的加剧。但是，只要稍加思考，就会发现这一观点的荒谬所在。如果只是一个行业的资本有所增加，那么毫无疑问，该行业中经营者之间竞争的加剧将降低他们的商品价格，结果也降低了他们的利润。但商品降价的原因仅仅是因为该商品的数量比其他商品丰富，不降价就无法售出。然而，假如所有不同行业的资本，因而各行业的所有商品数量都以相同的程度增加，那么每一种商品与其余商品的比率便会保持不变，其实际出售价必然和过去一样。因此，只要对一种商品的竞争有所加剧，那么由于同样原因对所有商品的竞争也会同时加剧；由于竞争加剧的程度是一样的，因此也就不可能改变任何一种商品的实际价格。只有供与求的相对变化才能提高价格，而这里没有这种变化。

所有商品的货币价格无疑会下降，因而资本的货币利润也会下降；但这不会降低商品的实际价格，也不会降低实际利润；而且由于贸易顺差使金块不断流入，商品的货币价格很快就会与实际价格持平。但仍然可能会像前面所说的那样，这种竞争可能会因为工人需求的增加和随之而来的工资的增加而降低利润。

让我们回到原来的问题上，即随着改良的进展，劳动工资的增加是否会引起资本利润的减少。首先，如果劳动工资的增长确实会造成利润的下降，那为什么在美国劳动工资和资本利润同时都很高。美国的劳动工资要比我国的劳动工资高，如果劳动工资的增加是资本利润降低的唯一原因，那么美国的资本利润应该比我国的低才是，然而我们知道，美国的资本利润要高得多。

让我们再稍微仔细一点看看劳动工资问题。劳动的工资与所有其他物品的价格一样，必然取决于供给与需求。供给当然是由人口数量来决定；需求，正如斯密博士所说的，取决于国家的资本数量。* 如果资本增加的速度高于人口增长的速度，需求就会大于供给，工资必然会增加；如果资本与人口的增长速度相同，工资则保持不变；如果人口增长的速度高于资本增加的速度，工资则必然会下降。

因此，高工资并不是由一个国家的资本数量导致的，**④ 因为如果一个国家的资本不变，不论其数量是多少，人口很快就会增加到这种资本所能提供的最低生存水准可以养活的数目。除了资本数量外，其他一些因素毫无疑问也会影响劳动工资；我现在探讨的仅仅是资本数量对劳动工资所产生的影响，因此必须将其他因素排除在外，或用数学语言来说，必须假定其他因素是给定的。

而且，仅仅是资本的增长并不足以导致高工资，而是其增长比率的增长才会导致工资的增长。

例如，假设一个国家的资本额为 1 亿英镑，每年递增 100 万英镑，增长率是 1%，劳动工资的增长只能是 1%。

---

* 对工资劳动者的需求，必随一国收入和资本的增加而增加。收入和资本没有增加，对工资劳动者的需求绝不会增加。而收入和资本的增加，就是国民财富的增加。所以，对工资劳动者的需求，自随国民财富的增加而增加。国民财富不增加，对工资劳动者的需求绝不会增加，见《国富论》，第 1 篇，第 8 章。

** 《国富论》，第 1 篇，第 8 章。

但是，假设一个国家的资本额为1,000万，每年递增50万，尽管资本的实际增长数比上面的例子低，但劳动工资的增加却是5%。但必须指出，如果一个国家始终如一勤俭治国，其资本的增长率将由利润率来决定；因为正如我在前面已经提到过的，资本的利润即为资本的净再生产物。所以，资本的利润越高，其递增率就越大，条件是该国保持不变的节俭程度。

因此，在这样的国家里，资本的利润越高，劳动工资也就越高，反过来劳动工资越高，资本的利润也就越高。

当劳动得到最充分的利用时，也就是当资本的利润处于高水平的时候，对劳动的需求最大，当资本的利润处于低水平的时候，对劳动的需求最小，这一点是显而易见的，无须加以证明。假如不是斯密博士似乎持有与之相反的观点（尽管他在第8章对工资问题做了清晰的阐述），我便不会再详细讲述这一问题。斯密博士说："资本利润的高低，与劳动工资的高低一样，都视社会财富的增减而定。不过，社会财富的增减对这两者的影响却大不相同。资本的增加，促使工资提高，因而趋于降低利润。"（第1篇，第9章）这里，斯密博士似乎认为资本利润和劳动工资之间的关系成反比，而我已经证明，实际情况与此相反。

现在，我将扼要重述以上全部论点。

劳动分工和机器的运用使制造业劳动生产力随着改良的进展而不断提高，同样的因素也趋于使农业劳动生产力随着改良的进展而不断提高。但另一因素，即需要耕种劣质土地，或者需要投入更多的费用耕种原有土地，则趋于使农业劳动生产力随着改良的进展而降低。这一因素所产生的影响，超过了在农业中实行分工和采用机器所产生的影响；因为如果情况不是这样，农业劳动生产力就会随着改良的进展而提高或保持不变。

无论是这两种情况中的哪一种，由于制造业劳动生产力不断提高，因而所有劳动的生产力将随之提高，资本的利润，也就是净再生产物便会随着改良的进展而增加。然而，我们看到，资本的利润随着改良的进展在下降。因此，前两种假设都不符合事实。实际上，随着改良的进展，农业劳动生产力必然会下降。接着，我们证明，利润的下降不可能是由实际劳动工资的增长造成的。

因此，农业劳动生产力不断下降，而维持农业劳动力的费用的减少不能弥补农业劳动生产力的下降(这一点从资本利润的不断下降可以看出)，在这种情况下，土地的总产品从而净产品必然按生产费用的比例下降，净产品与总产品的比率也必然随着改良的进展而逐渐下降。

我要证明的就是这个原理。我的目的是从理论上加以论证，并在论证过程中进行解释。但我不需要这个原理来证明下列事实，即随着改良的进展，净产品与总产品之比将会逐渐下降。

斯密博士指出，自然地租总是指土地净产品在支付了租地人资本的普通利润之后的剩余部分，这无疑是正确的(第1篇，第11章，第223页)。

如果地租对租地人资本的比率随着改良的进展逐渐下降，那么，在资本的利润保持不变的情况下，净产品与资本的比率，从而与总产品的比率也必然随着改良的进展逐步降低。更何况如前所述，资本的利润也随着改良的进展而逐渐下降。

人们普遍观察到的一个事实是，在我国，目前的地租对总产品的比率比20年前低得多。这一实际情况几乎出现在谷物委员会报告的每一页上。20年前,地租是总产品的1/3,现在是总产品的1/5,或介于1/4和1/5之间。这也许可归因于土地负担的加重,归因于地方税和国家税的加重。这确实有可能对地租与总产品之比的变动产生某些影响。然而,在谈到地租与总产品的比率不断下降这一事实时,人们都明确认为,那是为提高产量而采用耗费较大的耕作方式所致,而不是国家税和地方税造成的。例如,在上院报告第41页中,证人称:"在土地被耕种得过于厉害的地方,地主作为地租所得的净产品份额低于土地没有被耕种得那么厉害的地方。"这是向谷物委员会提供证词的所有人使用的语言。* 他们的观点是一致的,认为在土地被精耕细作的地方,地租与总产品的比率低于土地耕作费用较低的地方。

斯密博士在下面一段话中似乎已意识到,随着改良的进展,地租与总产品的比率会不断下降。

他说:"在欧洲目前的状况下,地主所得份额很少超过土地总产品的1/3,有时还不到1/4。然而,在我国所有发达地区,地租均已三倍或四倍于往昔,现今年产品的1/3或1/4似乎就是往昔总产品的三倍或四倍。随着改良的进展,虽然地租按数量来说在不断增加,但按土地产品的比例来说却在不断减少。"(斯密,第2卷,第2篇,第3章,第8页)

奇怪的是,在明确指出了地租按总产品的比例来说不断下降

* 参看上院报告第41、57、63、94、103、130页,参看下院报告第44、79、92、99、111、121、133、154、203页,公元1814年。⑤

这一事实之后，《国富论》的作者不仅没有看到只要做一下算数运算便可由此得出的结论，即土地净产品相对于总产品而言在不断下降，而且在该著作的其他部分，作者甚至忘记了地租按土地总产品的比例来说不断下降这一事实。斯密博士说："改良与耕作的扩大有助于直接提高地租。地主得到的产品份额必将随着产品的增加而增加。一部分土地原产品的实际价格的上升，最初是改良和耕作扩大的结果，随后又是促进土地改良和耕作进一步发展与扩大的原因，譬如牲畜价格的上涨就是这样，这类原产品价格的上涨也有助于直接而且以更大的比例提高地租。地主所得份额的实际价值，即他支配他人劳动的能力，不仅会随着土地产品实际价值的增加而增加，而且他在总产品中所占的份额也会随之增加。"（斯密，第1卷，第1篇，第11章，第392页）

第1篇第11章中的许多段落都忽略了地租与总产品的比率随着改良的进展而不断下降这一事实。

因此，我不仅试图在理论上，而且还试图利用有实际经验的人提供的证词来证明，土地净产品与总产品的比率随着改良的进展而不断下降。如果时间允许，我可以引用各种事实来加强我的证明。然而有一个事实我认为明确无误地检验了我提出的原理，所以不得不提一下，但也仅仅是提一下，不做详细讨论，这就是与地租相比，农产品什一税的价值在不断上涨。

下面我将运用这一原理来探讨在我国目前情况下所采取的限制或完全禁止进口国外谷物的政策问题。首先，我将概略地叙述一下这种限制或全面禁止政策所产生的后果，然后指出实行自由进口可能会带来的一些结果。完全禁止进口的后果之一是，假设现在的谷物价格低于种植价格，则谷物的平均价格会迅速上升到它的种植价格或自然价格，而后谷物平均价格将不断上涨。限制越接近于禁止，所产生的作用就越与全面禁止所产生的作用相似。假设每夸特 90 先令是我国足以维持现有人口生存的小麦种植价格，如果实行全面禁止进口的政策，小麦的平均价格将迅速上涨到每夸特 90 先令。因此，如果某一套法规直接或全面禁止进口国外小麦，直到我国市场上的小麦价格达到每夸特 80 先令，那么，小麦的平均价格将立即上涨到每夸特 80 先令。每夸特 80 先令将持续成为我国小麦市场上的最低售价。

下述理由促使我认为每夸特 90 先令大约是我国自产小麦的种植价格，可以满足现有的市场供应。从谷物委员会报告中提供的几份文件里可以看到，1811 年和 1812 年我国自产的小麦大致能满足国内的消费。

我已经将帕内尔爵士的报告与那些文件做了比较，认为帕内尔的报告是精确的。根据他的报告，“1811 年联合王国谷物出口额为 1,379,714 英镑，谷物进口额为 1,092,804 英镑，谷物出口顺差是 286,910 英镑。1812 年，英国谷物出口额是 1,498,229 英镑，进口额为 1,213,850 英镑，出口顺差是 284,379 英镑。由于海关发生火灾，1813 年大不列颠谷物出口额无法确定”*。因此，在 1811 年和 1812 年，我们生产的小麦超过了需求；然而，考虑到仅从爱尔兰向西班牙和葡萄牙出口的谷物额 1811 年就为 598,325 英镑，1812 年为 662,823 英镑，而其中大部分是用于维持我国驻

* H. 帕内尔的小册子第 12 页。⑥

扎在那里的军队的，现在这些军队需在国内供养，因此，认为那几年我们大致能满足国内人口的需求是合理的。

从这些文件中可以看到，1811 年小麦的实际价格是每夸特 94 先令 6 便士，1812 年为 125 先令 5 便士。*

当然，实际价格不是衡量种植价格的可靠标准，除非采用的是某个时期的平均价格。但是我国的小麦价格在以下年份分别为：

	每夸特先令	便士
1810 年	106	0
1811 年	94	6
1812 年	125	5
1813 年	120	0

因而，即使我们考虑到目前先进的耕作方式引入爱尔兰以及我国其他一些地区（先进的耕作方式尚未引入这些地区）所产生的作用，在当前的通货状况下，也不能认为足够满足国内需求的小麦种植价格低于每夸特 90 先令。当然，永远低于种植价格是不可能的，因为如果这样，种植主便得不到足够的补偿，也就不会继续生产同样数量的小麦。然而，为满足日益增长的人口对口粮的需求，必须增加粮食产量。正如我已经说明的，这种增加的粮食，需要投入较大比例的费用才能生产出来，或换句话说，种植价格将不断上涨。这就是全面禁止谷物进口的后果。用同样方法可以证明，当我国小麦价格高于每夸特 80 先令时，如果允许进口国外小麦，国

* 参看第一篇下院报告，附录 1，第 28 页。头四年温莎市场上的小麦价格要高于上述价格。

内市场上小麦的平均价格绝不会跌至每夸特 80 先令以下。这是因为，仅仅由于外国人的竞争，才会使小麦价格跌至每夸特 80 先令；一旦小麦价格跌至每夸特 80 先令以下，竞争就将终止。此时，国内价格将回升到竞争所允许的最高价格，即每夸特 80 先令。

但是，假如禁止进口，谷物价格便会上涨，这一点一直没有被承认。

亨利·帕内尔爵士（在他小册子的第 12 页）说："战争的影响，特别是柏林和米兰法令以及我们自己的内阁令所产生的结果是，在过去的五年中，限制进口外埠谷物，这种限制同议会对谷物贸易课征高额关税的法案所产生的直接作用是一样的，那就是使英国农民完全掌握了整个英国市场的谷物需求：首先是价格奇高，随后是谷物产量剧增，最后谷物价格暴跌。"

他进而认为（第 43 页），"次年，当农民完全掌握了本国市场的全部消费需求时，他很可能将种植与前几年一样多的谷物；因此，如果谷物收成好，价格将保持在目前的低水平上。在随后的几年里，稳定的市场将导致供应过剩，价格会变得更低，并将持续下跌直至与欧洲其他国家的谷物价格持同一低水平；这样，由于能够出口谷物，能够在国外市场上以同别国谷物一样便宜的价格出售，就可以长久确保谷物生产的过剩"。

然而，我不认为谷物价格像 H. 帕内尔爵士所说的那样在一直下跌。

		每夸特先令	便士	
在 1808 年	小麦平均价格为	79	0	下院第一篇报告附录 1，第 28 页。
1809 年	……………………	95	7	
1810 年	……………………	106	2	
1811 年	……………………	94	6	
1812 年	……………………	125	5	
1813 年	……………………	120	0	温莎市场上的价格，上院报告附录 12，第 327 页。

我无法想象，这怎么能叫作价格下跌呢？更不能说是价格暴跌了，即使是我国的货币有可能进一步贬值。

的确，帕内尔爵士说："1814 年 5 月 21 日结束的那一周，英格兰和威尔士的十二个沿海地区小麦平均价格为 67 先令 11 便士（见第 42 页）。如果该价格在一定程度上是由进口外埠小麦调节的，那么限制进口的议案便会按那一程度提高小麦价格。但是，这一价格是由我国市场上小麦的数量决定的，因而议案并不能提高价格。实际情况是，完全是我国自产谷物的丰足使得价格降至眼下水平的。谷物如此之丰足，我们有足够理由认为，即使限制进口的议案成为法律，谷物价格仍将继续下跌。"

但如何才能证明帕内尔所说的是事实呢，即如何才能证明完全是我国自产谷物的丰足使得价格降到了帕内尔提及的水平呢？

相反，是那时对进口的预期（假若不是实际进口的话）使小麦价格大幅度下跌的，这难道不是众所周知吗？

在下院最近一篇报告的第 26 页上，证人就向他提出的问题做了如下的答复。

问题："你不认为现在谷物价格低完全是因为去年谷物大丰收，而不是由于预期进口国外谷物造成的吗？"——"当然不这么认为。那是因为对进口国外谷物感到恐慌造成的。”

“你是否知道有可能大批进口国外谷物?”

——“我预期会这样。”

“你是否知道已经进口了一些国外谷物?”

——“不知道。我指的不是最近已经进口的一定数量的谷物。但是,农民很惊慌,自然把每一粒谷物都拿到了市场上。”

H.帕内尔爵士关于谷物价格将不断下跌的观点是不成立的,除非他可以证明用于耕作的费用也将下降,就像实际价格不可能下降,除非种植价格或自然价格下降一样。

经验和理论都告诉我们,原产品的价格随着改良的进展是会上涨的。原产品的涨价会导致工资上涨,并将或多或少地影响所有制造品,当然,最受影响的是严重依赖原产品的制造品,那些相对于工匠的技艺来说原产品只占很小份额的高级制造品所受到影响则要小一些,这是显而易见的。首先,看一下我国的情况,自上世纪中叶以来,谷物价格不断上涨。这种现象在所有正在进行改良的国家都能见到。其次,在改良的初期阶段,英格兰出口谷物以换回制造品,现在的波兰和美国也在这样做。随着财富和人口的增长,在欧洲环境和我国法律允许的范围内,我们进口谷物而出口制造品;荷兰和热那亚在富裕时也是这么做的。这似乎是正在进行改良的国家注定要经历的发展过程。起初,它们出口原产品以换取制造品,随着财富的增加,它们不断减少谷物出口,更多地在国内生产制造品;下一步便只出口制造品,作为交换从不如自己先进的国家进口原产品;而且这些制造品在性质上逐渐变化,所包含的原材料越来越少,而制造技术越来越多。所有物品迅速涨价,资

本利润大幅度下降，我已经通过原产品的涨价说明这是必然会发生的，以至到后来，先是商人，随后是制造商开始寻找更为有利可图的土地来投入他们的资本。

令人大惑不解的是，《国富论》的作者竟然未注意到随着改良的进展，谷物实际价格的这种上涨，虽然他明确指出，“除了谷物和像蔬菜这样全靠人类劳动生产的原产品之外，所有其他原产品将随着社会财富的增加和改良的进展，自然而然地变得越来越昂贵”[7]（第1篇，第11章，第339页）。在另一段中他说：“在任何社会状态下，在每一改良阶段，谷物总是人类劳动的产物。但任何种类劳动的平均产量大体上总是与平均消费相一致，也就是说，平均供给大体上总是与平均需求相一致。而且，在每一改良阶段，在同一土壤及气候条件下生产出来的同一谷物产量，平均说来，需要大体等量的劳动，换言之，就是需要付出大体等量的代价。这是因为，在耕作已得到改良的情况下劳动生产力的不断提高，或多或少要被农业劳动的主要工具即牲畜不断上涨的价格所抵消。所以，根据所有这些理由，我们的确可以认为，在任何社会状况下，在任何改良阶段，等量的谷物，比等量的任何其他土地原产品，更能近似地代表等量的劳动，或更能近似地等于等量的劳动。”（第1篇，第11章，第292页和382页）

斯密博士注意到了他所认为的一种普遍的错误观点，即穷国的谷物价格总是比富国低。

“研究古代商品货币价格的大多数著述者似乎都认为，谷物货币价格和普通商品货币价格的偏低廉，换句话说，金银的昂贵，不仅证明了金银的匮乏，也证明了当时国家的贫穷和不文明。”（第1

篇,第 11 章,第 375 页)但在同一段文字里,他又将牲畜、家禽货币价格的低廉看作是国家贫穷的证据。休谟先生注意到了一个实际情况,那就是在正在进行改良的国家粮食和劳动的价格不断上涨,他把这归因于一个不足以说明问题的因素,即货币数量的增加。

"人类事物似乎有一种巧妙的安排,牵制着贸易的发展和财富的增加,阻止贸易和财富完全掌握在某一民族手中。如果某一民族的贸易很强大稳固,人们最初自然会担心贸易和财富完全掌握在该民族手中。一个国家在贸易方面比另一个国家占先,后者便很难收复已失去的地盘,因为前者工业发达,技术先进,商人拥有较多的资本,使之能够薄利多销。但这种有利条件在某种程度上被贸易不发达、金银不充足的国家劳动价格低廉抵消了。因此,制造业逐渐转向他处,离开那些已富裕起来的国家和地区,被吸引到粮食和劳动价格低廉的其他地方,直至这些地方也同样富裕起来,便转而再走向别处。一般说来,我们可以看到,货币充足所造成的商品价格昂贵,是稳固而强大的贸易所具有的不利条件,使得穷国在所有外国市场上能够以低于富国的价格推销产品,从而束缚了所有国家的贸易。"(休谟,第 1 卷,第 2 编,第 3 篇论文,第 312 和 313 页)[⑧]

要阻止事物的这种必然发展,唯一的办法就是以低于本国生产的价格从别国进口原产品。

通过这种方法,我们可以在很大程度上将新兴国家和高度发达国家的有利条件结合在一起。通过这种方法,我们可以便宜地买到原产品,便宜地加工原产品。假如我们拒绝进口原产品,我们必将一天天接近休谟着重描述的那种境地。斯密博士注意到:谷物价格的上涨会导致所有其他商品价格的上涨，然而人们对这一事实是否真实已提出了很大的疑问。在这里讨论斯密博士究竟指实际价格还是名义价格是不重要的。任何一种物品实际价格的上涨会很快全面地波及所有其他物品，这一提法似乎是矛盾的：因为一种物品的实际价格便是其用于交换其他物品的价值。如果一种物品价格的上涨将很快全面地波及其他物品，这种价格的上涨只能是名义上的，因为已涨价的这种物品并不比过去能换取更多的其他物品。购买原产品的费用若上涨，全部社会财富和享乐便将减少，个人对国产和进口的必需品及奢侈品的支配力也会随之下降，* 假如实际情况确实如此，那就充分证实了我的观点。这是原产品生产费用上涨所带来的必然结果，这一点只要稍加思考便能看得很清楚。一个国家生产原产品需要的资本越多，能省下来生产制造品的资本从比例上说自然就越少。

"在全世界，制造商、产业主和其他从事各种民用及军用事业的人数，必然与土地的净剩余产品成比例，当然不能超过这种剩余。如果土地的产量一直很低，需要所有人口从事农业劳动，那就永远不会有制造商和闲散人员。"（马尔萨斯，第 3 篇，第 8 章，第 309 页）[⑨] 假设一个完全与外界隔绝的国家拥有 100 万居民，根据土地的情况，只需一半人口从事农业劳动便足以解决全部人口的口粮，而另一半人口则从事制造品的生产，以满足自己以及农业人

---

* 如果除货币外，一个社会的所有商品都按相同比例减少，那么所有商品的实际价格，即它们相互交换的价值，将保持不变。如果货币也按相同的比例减少，则所有商品的名义价格也会保持不变，但无论在哪一种情况下，社会都显然会损失很大一部分财富。

口的其他需要。假设现在人口增加到200万，由于生产足以养活这200万人口的口粮的困难增加，需要投入2/3的人从事粮食生产，这样只剩下1/3的人可以从事满足社会其他需求的劳动。如果制造业劳动生产力得不到提高，在一定程度上以弥补现在农业需要社会投入的较多劳动，全社会的收入和娱乐享受就必然会下降。但假如这个国家同目前制造业尚不发达，而谷物生产却十分便宜的邻国发展关系，则前者便能从农业中抽出一部分人手发展制造业，生产出的制造品足以买回两倍于他们过去能生产的谷物。结果当然是前者能够从农业中抽出更多的人手发展制造业，从而全社会的实际财富将增加。

现在让我来看看自由进口外国谷物可能带来的一些后果。首先我将考察自由进口外国谷物对我国农业所产生的影响。假设在目前的货币状况下，国外小麦的种植价格很低，以致国外小麦能够输入我国，在我国市场上的售价甚至能够低到每夸特45先令。假如像我在前面所做的那样，设当前我国小麦的种植价格为每夸特90先令，则我国农民似乎经受不住如此不平等的竞争。

乍一看，我国的整个农业似乎终将被取代。假如我国的种植量下降而耕作费用仍然居高，外国的种植量增加而生产费用不变，这种情况就不可避免地会发生。持续不变的每夸特45先令差价必然会诱使外国人增加种植量，而迫使我国农民减少产量，直到前者把后者完全驱逐出市场。

但是，就基本必需品来说，任何国家对外国的依赖都是有限度的。这种限度可以在我已说明的原理中找到。该原理告诉我们，在这种情况下，一旦国外的种植量增加，其种植费用也会成比例地增加；[*]国内种植量下降，种植费用也自然成比例地下降，因为任何一个国家的大规模种植所需的费用都要比小规模种植的费用高。譬如说，第一年我们进口了50万夸特谷物；第二年，为满足国外市场增加了的谷物需求量，外国种植者们将增加种植量，比如增加50万夸特，其种植价格便会从原来的每夸特45先令提高到50先令。国内种植者将减少50万夸特的种植量，其种植价格也会从每夸特90先令降至80先令。在市场上，两种谷物的实际价格必然会在50先令和80先令之间的某一点（比如说65先令）上相遇。这一价格仍能诱使国外种植者增加产量，诱使国内种植者减少产量。结果是，国外谷物的种植价格进一步提高，国内谷物的种植价格进一步降低，比如说降至每夸特60先令。这样我国市场上的实际价格便降到了每夸特60先令。此时，国内和国外的种植者们支付的刚好是各自产量的自然价格，再没有任何动力促使一方增加产量而另一方减少产量。这里，我并没有自称能确定谷物价格上涨和下降的幅度，也没有自称能确定国内和国外小麦的种植价格将在哪一点上相遇。其过程要比我设想的缓慢，因而没有我假设的那么剧烈。我想说明的是，前者的种植价格会下降，后者的种植价格会上涨，直至两种价格在各自原价格之间的某一点上相遇。当然，这一点将更接近于国外现行的种植价格而不是更接近于国内的种植价格，因为进口的影响分散在许多外国市场上，所产生的影响要比集中在我国一个市场上小得多。值得注意的是，同样的

* 就当前的论题来说，外国谷物价格的这种上涨，究竟起因于种植费用的提高，还是起因于必须耕种更为遥远的土地，这无关紧要。这两个因素似乎都在某种程度上推动了外国谷物价格的上涨。

差价对制造业所产生的影响却大不相同。假设外国人也能生产绒面呢，并能在我国市场上以低于我们一半的价格销售。和农业一样，国内的生产厂家将立即缩小其生产规模，而外国生产厂家则会扩大其生产规模。但是，国内生产厂家生产的越少，产品的生产费用或自然价格按比例来说就越高；外国生产厂家生产得越多，产品的自然价格就越低。其原因是，工业生产规模越大，劳动分工就越细，机器的使用也就越多（参看《国富论》，第 1 篇，第 3 章）。

下面，我将谈谈自由进口谷物对地租产生的影响。假设无论产量是多少，种植原产品的费用比例都保持不变，地主的确有理由感到担忧。因为正如前面经常谈到的，在这种情况下，农民将根本付不起地租。假设有 100 英亩麦田，出租时估计小麦价格为每夸特 90 先令；投入的资本为 1,000 英镑，一年的地租是 300 英镑，投入的资本所创的利润必须是每年 10%，即 100 英镑。这样，这块土地的总产品须为 1,400 英镑。假设现在小麦跌价，实际跌价 1/3，跌至每夸特 60 先令，土地的总产品只剩 1,400 镑的 2/3，约 932 英镑。显而易见，农民非但不能支付地租，连投入的资本也收不回来。减少投资只能减少他的损失，并不能给他带来任何利润。

然而，我们的原理将说明，农民通过减少资本的投入，既能再生产出所投入的资本外加普通资本利润，又能再生产出地租，当然，再生产出来的地租不是很多，也许要低于他以前支付的地租。

调节而且几乎唯一产生地租的是投在土地上的追加资本的收益递减率。

如果在得益不变的条件下可以无限制地增加对土地的资本投入，则产量当然也是无限的；这对地租产生的影响，会同拥有无限多的适宜耕种的土地对地租产生的影响一样。无论在哪一种情况下,地租都将很低。但是,地租之所以会上涨,正是因为有必要耕种劣质土地,有必要在收益递减的情况下向已经耕种的土地投入更多的资本。因此,如果在谷物需求增加的情况下,多投入的资本可以获得与从前一样的收益,则产量增加部分的种植价格便会和过去一样。用不了多久,竞争自然会使实际价格下降至种植价格,地租将不会增加。然而,正如我已经说明的,为满足谷物需求的增加而投入的资本,不可能产生同以前一样多的收益。所以,产量增加部分的种植价格将上涨,这部分谷物的实际价格也必然会跟着水涨船高。但是,用最低费用种出的谷物,其售价将和用最高费用种出的谷物一样,结果是所有谷物的价格将因需求的增加而上涨。但农民只得到资本的普通利润,即使是以最高费用种出的谷物也只能得到普通利润。因此,以较低费用种植出的谷物所赚得的额外利润,将以地租的形式落入地主的手中。

例如,假设有 10 英亩土地,投入比如说 100 英镑资本,可获利 20%;另 10 英亩土地投入同样多的资本,可获利 19%,如此等等,列表如下:

面积(英亩)	资本(英镑)	净产品(百分数)
10	100	20
10	100	19
10	100	18,等等
10	100	11
10	100	10

假如资本利润为 10%,最后 10 英亩土地如需付地租便无法耕种,但可以由土地的拥有者来耕种或作为牧场才能付得起地租。

提供 11%利润的那 10 英亩土地在租地人得到其资本利润之后能付 1%作为地租。由于在最好的 10 英亩土地上生产的谷物和在最次的那 10 英亩土地上生产的谷物销售价一样，因而最好的那块土地将付给地主 10 英镑地租，次好的 10 英亩土地将付地租 9 英镑，以此类推。假设现在谷物价格上涨，因而使最差的那 10 英亩土地产生的利润从 10 英镑增加到 11 英镑。显然，以前只能支付资本利润的那 10 英亩土地现在有能力支付地租，因而这块土地将被耕种，从而所有土地的地租将上涨。同样的道理，如果谷物价格下跌，仅最差的 10 英亩土地的利润随之减少 1%，则一些土地将不再被耕种，仍然耕种的土地，其地租也会下降。但是我们知道，谷物价格的上涨不仅会使新土地得到耕种，而且还会使人们向已经耕种的土地投入新的资本；谷物价格的不断下跌不仅会使一些土地退出耕种，还会使人们从仍然以较低费用耕种的土地上抽回一部分资本。但是，如果是我前面提到的能带来 20%利润的那 10 英亩土地，则除非价格下跌的幅度大于一半，否则便不可能从这块土地上抽回资本，因为即使谷物价格下跌到使利润只剩 11%，投入同样的资本仍是值得的；毕竟这一资本能带来 1%的利润，多于资本在其他行业中所能带来的利润。这 1%便是地租。

这一难点可以用我们的原理解释清楚。实际情况是，任何投入 100 英镑资本可以带来 20%利润的土地，正如我已证明了的，一定能从少于 100 英镑的资本中获得更多的收益，因而从第一次投入的 100 英镑中获得的收益一定比后来投入的 100 英镑多。其产生收益的方式大致是这样的：第一个 10 英镑可能带来 40%的净产品，第二个 10 英镑可能带来 30%的净产品，以此类推，最后投入的资本带来的净产品将少于10%，因为农民自然会尽可能多地投入能给他带来普通利润的资本，普通利润为10%。

此时，地主的地租仍然和从前一样来自于最后的或盈利最少的那部分资本以外的所有资本生产的利润。同以前一样，如果谷物价格上涨，使过去产生10%利润的那部分资本如今能产生11%的利润，则人们会投入另一笔资本。同样，如果谷物价格下跌，使最后投入的那部分资本产生的利润从原来的10%降至9%，则这部分资本便会被抽回。这样，谷物价格一旦下跌，人们便将抽回以往利润最低的那部分资本；只有那些能继续产生适当收益的资本才会被保留下来。这种价格下跌对地租产生的影响大致如下：

我们再次假设，出租土地时，估计小麦价格为每夸特90先令，年地租为300英镑，租地人的资本为1,000英镑，每年从这笔投资中获得的利润是100英镑，产值和从前一样为1,400英镑。现在小麦的价格降到了60先令，如果借地人仍然投入同样数目的资本，我已经谈到过，他甚至连资本都收不回来，更不用说支付地租了。

但是，假设现在因为价格下跌，他把投入的资本减少到800英镑。

由于在价格下跌之前，他已从1,000英镑的投资中获利400英镑，即40%，因而他从第一次投入的800英镑中所获得的收益一定超过了40%，即使价格下降，他仍可以从800英镑中获利40%，即320英镑。其中，他得到的份额是作为利润的那80英镑，剩下的240英镑将作为地租付给地主。

因此，按照这种假设，谷物价格下跌1/3，地租只下降1/5。读者会感到，有许多因素，如税收、济贫税，以及由于将资本从一个行业迅速转入另一行业而给个人带来的困苦等，本文均没有考虑到。因此，我并没有想对支持和反对限制进口的观点做出结论。然而，在我看来，我旨在阐明的那一原理将表明，把价格定在一个高水平上，低于该水平，进口将受到限制是极不策略的。其他因素需要长得多的篇幅来加以考察。总之，我倾向于认为，目前向农民提供这样的保护，使谷物价格保持在每夸特 70 先令或至多 75 先令的水平上，是合情合理的。

评 1688 年设置的奖励金

本文的另一个目的是要说明一些人的主张是错误的。这些人坚持认为，1688 年议会批准的谷物出口奖励金使谷物的价格下降了。

我认为，驳斥这一错误的主张是十分重要的。这不仅因为该主张削弱了我们对政治经济学一般准则真实性的信赖，这一准则指出商业方面所有人为的控制都是有害的，这即使对最博学多闻的人来说，在涉足这门学科的新领域时，也是唯一的指南；而且还因为在人们讨论拟议中的《谷物法》时，该主张被用来为荒谬的观点进行辩护。

我最初涉及谷物出口奖励金问题时，对它的利弊没有任何先入之见，而仅仅是因为它是下院委员会第一篇报告以及马尔萨斯先生[10]、劳德戴尔勋爵[11]和帕内尔爵士[12]的小册子中的一个重要内容。当然，作为第一步，我考察了事实，试图弄清人们为什么认为奖励金降低了谷物价格。我大为惊讶地发现事实并没有为该主张提供任何证据。我相信我能够使读者看到这一点。

但是，在分析事实之前，我必须指出，我已阐述的那条原理本身将说明，如果说奖励金对增加产量起了什么作用的话，那肯定是提高了国内市场的价格。这是因为该原理表明，种植较多的谷物所花的费用，从比例上来说要比种植较少的谷物所花的费用多。

也许有必要先向那些没有很好地注意过《谷物法》的读者做一个背景介绍。1688 年，议会同意为每夸特出口谷物提供 5 先令的奖励金，那时的谷物价格是每夸特 48 先令或不到 48 先令。在 1688 至 1765 年之间，奖励金被中止过三四次；1765 年中止了一年；以后每年都继续这种中止，直到 1773 年，最终取消了奖励金。

《国富论》中经常提到的《论谷物贸易和〈谷物法〉》的作者查尔斯·史密斯先生，据我所知是认为出口奖励金降低了谷物价格的第一位作者。他的这一观点为以后的许多作家所采纳。但不一会儿我将证明，考虑到后来发生的实际情况，这些以后的作者没有前面那位作者理由充分。查尔斯·史密斯先生阐述该主张的一个段落如下：

“对出口谷物首次给予奖励金是在 1689 年，* 至今已 70 年。在这一时期中，粮食比以前 40 年降价 15%—20%。这是该法律实施效果的极好佐证。另一个佐证是：自设置奖励金以来，议会并没有认为应该部分或全面地予以中止。只有四次是例外，它们是 1698 年、1709 年、1740 年和 1757 年。最后一次中止仍然有效，而且将持续到下一个圣诞节。”

“如前所述，设置奖励金以来，谷物价格大大降低，这是人所共知的，以致法律确定予以补贴的价格，虽然在开始实施时被认为是公道的，当时国会也认为低于这种价格农民便没有能力生产谷物，但现在却被认为太高了。自然，远在没有以停止补贴的价格出售

* 此文写于 1759 年 1 月。

谷物之前，我们就已经听到了要求取消奖励金和停止出口的呼声。”*

无疑，在发放出口奖励金期间，谷物的平均价格持续几年低于之前和之后的价格。

但是公正地说，谷物价格便宜不能归功于奖励金。让我们分析一下发放奖励金之前、发放奖励金期间和取消奖励金之后的价格表，便可看出这一点。每10年的平均价格是：

	英镑	先令	便士	平均每20年		
1649—1658年	2	7	0	2	6	10
1659—1668年	2	6	8			
1669—1678年	2	3	4	2	0	10
1679—1688年	1	18	4			
1689—1698年	2	7	0	2	0	4
1699—1708年	1	13	9			
1709—1718年	2	7	5	2	1	10
1719—1728年	1	16	3			
1729—1738年	1	12	7	1	12	0
1739—1748年	1	11	9			

由此可见，在发放奖励金之前的30年里，谷物价格均是下跌的。紧接着发放奖励金之后的10年，价格有相当的上涨，以后的10年又有下降，再后10年又有回升，大大超过了发放奖励金之前的价格。以发放奖励金之前30年的价格下降为例，不难发现，其下跌幅度大于发放奖励金之后的甚至60年，而且不仅下跌的幅度大，比例也大。发放奖励金之前的30年里，谷物价格从2英镑7

* 史密斯的《论谷物贸易和〈谷物法〉》，第99页。[13]

先令下跌到 1 英镑 18 先令 4 便士，即下跌 8 先令 8 便士。而发放奖励金之后谷物价格最低的 10 年(1739—1748 年)是从 1 英镑 18 先令 4 便士降至 1 英镑 11 先令 9 便士，只下降了 6 先令 7 便士。

我很难想象还有其他事实比这些更能直接得出与奖励金的倡导者们截然相反的结论。1743 年和 1744 年谷物价格降至最低点之后随之上涨的情况也表明，发放奖励金不能引起价格下跌，取消奖励金也不导致价格上涨。* 每 10 年的谷物平均价格是：

	英镑	先令	便士
1744—1753 年	1	11	9
1754—1763 年	1	16	4
1764—1773 年	2	9	7 取消奖励金
1774—1783 年	2	5	1
1784—1793 年	2	10	11

由此可见，谷物价格是从取消奖励金之前的 20 年开始上涨的。取消奖励金后的 10 年价格不仅没有继续上涨，还有所下跌，随后又开始上涨，但上涨的速度不如取消奖励金之前那么快。

即使不用我所选择的年份，从任何其他一点选取平均价格，结果也是一样的。例如，选取价格最低的 10 年以及在这以前和以后的许多个 10 年。在我国历史上，价格最低的时期是 1742—1751 年。我们可以看到这样一种很规则的变化，即愈接近这段时期，谷物价格愈低，愈远离这段时期，谷物价格愈高。每 10 年的平均价格列表如下：

---

* 的确，我们可以否认奖励金对降低谷物价格有任何作用，这并不像马尔萨斯先生指责斯密博士时所说的那样。是一种很鲁莽的行为(参看《人口论》[14]，第 2 卷，第 240 页)。

	英镑	先令	便士
从 1702—1711 年	1	19	10
1712—1721 年	1	18	0
1722—1731 年	1	16	10
1732—1741 年	1	14	4
1742—1751 年	1	9	4 最低点
1752—1761 年	1	17	0
1762—1771 年	2	4	10
1772—1781 年	2	9	0
1782—1791 年	2	10	0

取消奖励金(1773 年)之前的 20 多年,谷物价格就已开始上涨了。因此,把彻底取消奖励金的年份而不是把开始按年暂时中止发放奖励金的年份(1765 年)看作是无奖励金时代的开端,显然是正确的(尽管帕内尔爵士持相反的意见)。并不会仅仅由于某一年谷物实际价格暂时偏高而中止发放奖励金,就会消除奖励金带来的影响,因为种植者知道,当奖励金对他们有用时,也就是当价格低廉时,仍然会恢复发放奖励金,所以他们和以往一样,会从中得到鼓励。这里,我必须指出,如果说设置奖励金之后它发挥作用需要一段时间,那么取消奖励金以后它停止发挥作用同样需要一段时间,因为如果设置奖励金后农民不可能立刻就适应新的情况,那么取消奖励金之后他们也需要一段适应时间。不过,应该指出,谷物价格实际上是从 1744 年开始上涨的,看一下统计表就会明白这一点。因此,价格上涨开始于取消奖励金之前的 29 年和按年暂时中止发放奖励金之前的 21 年。事实上,是因为谷物价格低才导致设置了奖励金。立法机关也是这么解释的。除 1743 年和 1744 年外,1687 年是我国历史上谷物价格最低的年份(1687 年每夸特

谷物平均价为 1 英镑 2 先令 4 $\frac{1}{2}$便士;1743 年和 1744 年的谷物价格比这还便宜 2 便士);1688 年通过了为谷物出口提供奖励金的法案。法案的序言是这样写的:“鉴于经验表明,在本王国谷物价格便宜之时,向国外出口谷物和粮食不仅对土地的拥有者大为有利,也有利于本王国的总体贸易:因此,……”

熟悉这段历史的所有人都知道,是 1773 年的高谷物价格引发了反对奖励金的呼声,并促使立法机关取消奖励金。* 因此,在任何情况下,谷物价格都是立法机关干涉的起因而不是结果。谷物价格便宜,自然出口不仅得到允许而且还得到鼓励;谷物涨价,出口自然会被禁止。然而,由于得到鼓励,谷物价格继续保持便宜,而谷物价格昂贵并没有因为禁止出口而变得不昂贵。因此有人认为鼓励出口导致价格便宜,禁止出口则使价格上涨。

马尔萨斯先生以另一种形式赞同设置奖励金。他认为奖励金可以起到稳定价格以及在歉收年景降低价格的作用。但他承认在丰收年景奖励金可能会促使价格上涨(参看马尔萨斯《人口论》第 239、240、259 及 261 页)。[15]

现在,让我们探讨一下谷物价格在发放奖励金时期的波动幅度是否大于其他时期。为了确定不同的 20 年中的平均变动程度,我选取了几个 20 年时期中平均价格最高的 10 年和最低的 10 年,并且确定了高价和低价之间的比率。如果选取任何 20 年中价格最高的年份和价格最低的年份,则会发现比率大体一致(见下表)。

* 参看史密斯的《论谷物贸易和〈谷物法〉》,各处。

看来设置奖励金之前 20 年和取消奖励金之后 20 年中的谷物价格变动幅度大大小于发放奖励金期间的任何 20 年。我以不同方法做了计算,因而也敢断定,在自 1773 年《谷物法》修改之后至 1794 年之间的任何一段时期,谷物价格的变动幅度都大大小于发放奖励金期间的任何一段同样长短的时期。

时期	最高价	最低价	比率	变动幅度
1649—1668 年	29	17	170∶100	170
1669—1688 年	23	17	135∶100	135
1689—1708 年	25	14	178∶100	178
1709—1728 年	24	17	141∶100	141
1729—1748 年	18	13	138∶100	138
1749—1768 年	22	16	137∶100	137
1769—1778 年	26	21	123∶100	123

注　释

① (a)特别委员会报告，该委员会负责调查人们就本王国的《谷物法》提出的请愿书；附详细证词及账目。根据下议院1814年7月26日的命令印刷出版。

(b)关于粮食以及《谷物法》的报告，即上议院委员会的第一篇和第二篇报告，该委员会被授权调查粮食生产、贸易和消费的情况，调查与此有关的所有法律，并调查本届会期提交给上议院的一些有关《谷物法》的请愿书。——1814年7月25日。由上议院于1814年11月23日传达。根据下议院1814年11月23日的命令印刷出版。

② 威斯特所引用的《国富论》正文，显然录自第九版(3卷本，伦敦，1809年)；卡德尔和戴维斯于1812年发行的“新版”(3卷本)，页码基本上与第九版一致。这段引文同威斯特在正文中所做的其他引录一样，有一些小的不准确的地方，特别是，着重号是威斯特自己加的。

③ 这段话实际上是第九章的第二段话。

④ 原版使用的是星号。

⑤ 参看前面的注释①。

⑥ 《H.帕内尔爵士在下议院的讲演摘要，兼评〈谷物法〉》(伦敦，1814年)。这段引文以及后面的引文，有一些排印上的小错误。

⑦ 这段话引述得很不准确。

⑧ 有关若干题目的论文。两卷本。大卫·休谟先生著，第一卷包含的是道德、政治和文学方面的论文。新版(伦敦，1764年)。

⑨ 《论人口原理；或论过去和现在人口对人类幸福的影响；兼论未来消除或减轻人口带来的罪恶的前景》(两卷本，第3版。伦敦，1806年)。威斯特提及的页数不对，所引的那段文字实际出现在第208—209页上。

⑩ 《论〈谷物法〉以及谷物价格的涨落对我国农业及一般财富的影响》(伦敦,1815 年)。

⑪ 《关于〈谷物法〉的通信》(伦敦,1814 年)。

⑫ 参看前面的注释⑥。

⑬ 《论谷物贸易和〈谷物法〉》,查尔斯·史密斯先生著。新版,附卡瑟伍德先生加有旁注的手稿。新版增添了史密斯先生有关这一题目的另一些有趣的零星论述,以及史密斯先生的生平介绍(伦敦,1804 年)。

⑭ 参看前面的注释⑨。

⑮ 同上。

图书在版编目(CIP)数据

论资本用于土地/(英)爱德华·威斯特著;李宗正译. —北京:商务印书馆,2024
(汉译世界学术名著丛书:120年纪念版:珍藏本:增订本)
ISBN 978-7-100-23821-2

Ⅰ.①论… Ⅱ.①爱…②李… Ⅲ.①古典资产阶级政治经济学 Ⅳ.①F091.33

中国国家版本馆CIP数据核字(2024)第079279号

汉译世界学术名著丛书
(120年纪念版·珍藏本·增订本)
论资本用于土地
〔英〕爱德华·威斯特 著
李宗正 译

商务印书馆出版
(北京王府井大街36号 邮政编码100710)
商务印书馆发行
北京新华印刷有限公司印刷
ISBN 978-7-100-23821-2

2024年5月第1版 开本 710×1000 1/16
2024年5月北京第1次印刷 印张 3½
定价:20.00元